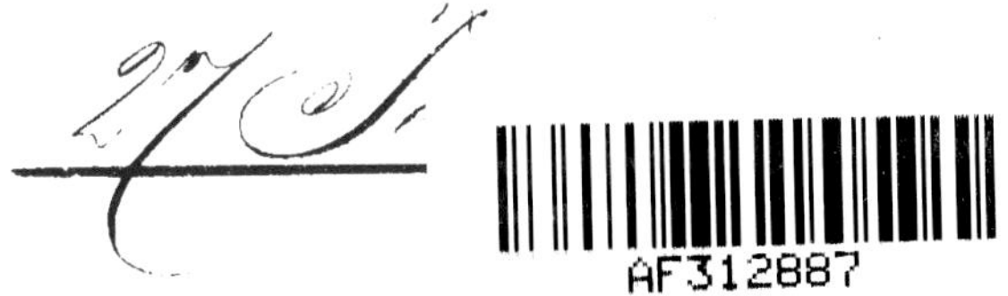

VENTE

Après le décès de M. DU CLUZEL, d'Oloron

TABLEAUX ANCIENS

MINIATURES

Dessins, Gravures, Livres à figures et Livres d'art

CURIOSITÉS

Porcelaines, Ivoires, Armes, etc.

DONT LA VENTE AURA LIEU

HOTEL DROUOT, SALLE. N° 6

Les Lundi 27 et Mardi 28 Février 1882

A DEUX HEURES

Par le ministère de **M⁰ MULON**, Commissaire-Priseur,
rue de Rivoli, 55,
Assisté de M. HORSIN DÉON, Peintre, place de Valois, 6.

EXPOSITION PUBLIQUE

Le Dimanche 26 Février 1882, de une heure à cinq heures.

PARIS — 1882

V⋅ RENOU, MAULDE et COCK

IMPRIMEURS DE LA COMPAGNIE DES COMMISSAIRES-PRISEURS

Rue de Rivoli, 144

VENTE

Après le décès de M. DU CLUZEL, d'Oloron

TABLEAUX ANCIENS

MINIATURES

Dessins, Gravures, Livres à figures
et Livres d'art

CURIOSITÉS

Porcelaines, Ivoires, Armes, etc.

DONT LA VENTE AURA LIEU

HOTEL DROUOT, SALLE N° 6

Les Lundi 27 et Mardi 28 Février 1882

A DEUX HEURES

Par le ministère de **Me MULON**, Commissaire-Priseur,
rue de Rivoli, 55,

Assisté de **M. HORSIN DÉON**, Peintre, place de Valois, 6.

EXPOSITION PUBLIQUE

Le Dimanche 26 Février 1882, de une heure à cinq heures.

PARIS — 1882

CONDITIONS DE LA VENTE

—

Elle sera faite au comptant.

Les Adjudicataires paieront CINQ POUR CENT, en sus des enchères, applicables aux frais.

~~~~~~~~~~

ORDRE DES VACATIONS

—

Lundi 27 Février 1882

Tableaux et Miniatures.

Mardi 28 Février

Gravures, Livres, Dessins et Curiosités.
~~~~~~~~~~

La Collection, dont nous offrons le Catalogue, a
été réunie par un de ces fervents amis des Arts qui
composaient en plus grand nombre les Amateurs
des temps derniers. Sans s'inquiéter de la valeur
présente ou future d'un objet d'art, ils l'achetaient
avec bonheur et en faisaient le charme constant de
leurs loisirs, dès que cet objet leur rappelait un
chef-d'œuvre ou une intéressante date historique.

C'est à ces hommes désintéressés et dévoués que
nous devons, en plus grande partie, la conservation
des richesses artistiques dispersées par nos dissen-
sions politiques et qui font aujourd'hui les délices de
nos Amateurs; sans leurs devanciers, elles étaient
destinées à une destruction presque certaine.

M. THÉODORE DU CLUZEL, ne s'est pas con-
tenté de recueillir les épaves échouées dans les
mains indifférentes des habitants d'Oloron-Sainte-
Marie, il a voulu connaître tous les chefs-d'œuvre

que renferment les Musées d'Europe : l'Italie, l'Espagne, l'Angleterre, l'Allemagne, etc., furent successivement visitées par lui. A chacun de ces voyages, il rapportait des souvenirs qui enrichissaient sa Collection. C'étaient non-seulement des Tableaux, mais encore quelques Objets d'art, des Dessins, d'intéressantes Gravures et des Recueils illustrés, propres à développer en lui des connaissances réelles.

La variété qu'offre notre Catalogue en sera une attestation suffisante, surtout quand on verra à notre Exposition que chacune de ces séries renferme plusieurs Objets dignes d'attirer la sérieuse attention des Amateurs et Spéculateurs éclairés, sur le jugement desquels nous nous en remettons entièrement.

HORSIN DÉON.

DÉSIGNATION

DES

TABLEAUX

—◦—◦—◦—

ÉCOLE FRANÇAISE

—

BELLEGAMBE (Jean)

Né à Douai en 1470, mort en 1532.

1 — Sujet tiré de l'Apocalypse (Triptyque).

Sur le volet de droite, sainte Catherine, sortant d'un palais, suivie de ses femmes, reçoit avec humilité un flambeau des mains de la Foi. — A l'étage supérieur, un religieux soutient une légende au-dessus de sa tête. Dans le fond un paysage avec fabrique et une porte de ville d'où sortent un pape et de pauvres gens.

Au centre, dans un paysage avec chaumière, se détachant sur un beau ciel légèrement nuageux, Jésus sur la croix s'élève au centre d'un vaste bassin monumental orné de fines arabesques, qui recueille son précieux sang, et dont il est tout rempli. Avec l'aide de l'Espérance et de la Charité, de saints personnages viennent s'y purifier en s'y baignant.

Sur le volet de gauche, un ange et saint Jean l'Évangéliste appellent les fidèles à la purification en se baignant dans le sang du Christ. — Dans le fond, un paysage boisé, une porte de ville d'où sort un roi entouré de ses courtisans.

Une couleur agréable et claire, un soin précieux apporté dans les moindres détails, une grande puissance de sentiment, sont les qualités qui distinguent l'œuvre capitale que nous livrons à la chaleur des enchères.

Reconnu et justement apprécié par les Amateurs, l'un d'eux, M. Dutilleul de Douai, a publié, à son sujet, une intéressante brochure qui ajoute une nouvelle ovation à ce grand maître qui acquiert chaque jour une juste célébrité.

DE BAST (Signé P.)

2 — Marine (Soleil levant).

3 — Paysage-Marine (Soleil couchant).

DETROY (François)

4 — Portrait d'Abbesse.

> Elle est vue debout et à mi-corps, vêtue d'une ample robe
> de laine blanche. Une guimpe encadre son visage, un voile
> noir posé sur sa tête s'étend sur ses épaules. Elle tient une
> croix de bois noir dans l'une de ses mains qui sont croisées
> sur sa poitrine.
> Une crosse posée le long d'une colonne et un rideau vert
> meublent le fond sur lequel se détache ce bon portrait.

BEAUBRUN (Henri)

5 — Portrait d'homme avec mains (Buste).

BOURGUIGNON (Jacques-Courtois)

6 — Choc de cavalerie.

JANIN (Signé C.)

7 — Vue de Rouen.

> La vue, prise à l'intérieur de la ville, est animée de nom-
> breuses figures, voitures, chevaux, etc.

LARGILLIÈRE (Nicolas de)

8 — Portrait de magistrat.

Vu à mi-corps et de trois quarts, les regards tournés à droite, il est coiffé d'une ample perruque poudrée. Un large rabat blanc se détache légèrement sur son gilet de satin noir, en partie couvert par une vaste robe de velours cramoisi aux plis chatoyants.

Ce beau portrait est incontestablement une des meilleures œuvres du maître.

CLAUDE LE LORRAIN (D'après)

9 — Paysage et Figures.

MOREAU

10 — Le Coup de vent.

Une rivière parcourt tout le centre d'un paysage contournant un tertre élevé sur lequel se voit un vieux château. Du ciel brillant mais orageux, souffle la tempête qui fait fuir de paisibles pêcheurs.

11 — Paysage.

Le site est accidenté et boisé. Sur le premier plan se voien une cascade et de spirituelles figures de pêcheurs.

RIGAUD (Hyacinthe)

12 — Portrait de Philippe V d'Espagne.

Il est debout, la main gauche gantée et posée sur la hanche;
la droite est appuyée sur la couronne d'Espagne placée près
de lui sur une table recouverte d'un tapis de velours rouge.
Il a la tête nue. Son costume est celui des grands d'Espagne
sur lequel se voient le cordon bleu et l'Ordre de la Toison d'Or.
Un fauteuil un peu en arrière de lui.

Quoique ce beau portrait ne soit probablement qu'une copie,
elle est certainement de celles dites officielles exécutées sous
la direction du maître et le plus souvent retouchées par lui.

VIGNON (Philippe)

13 — Portrait d'un grand personnage de la cour de
Louis XV.

Vu en buste et presque de face, il est vêtu d'une armure
sur laquelle on voit le grand cordon bleu.

INCONNU

14 — Portrait présumé de la reine d'Espagne, femme
du roi Philippe V.

ÉCOLE FRANÇAISE

15 — Paysage.

Sur le premier plan, des champs de blé que des moissonneurs
commencent à couper. Au centre, un large fleuve; une ville,
au fond. Dans un horizon lointain, l'autre rive.

PASTELS

16 — Portrait de femme Louis XV.

17 — Portrait de femme Louis XVI.

18 — Portrait d'homme Louis XVI.

ÉCOLE ITALIENNE

ARPINO (Le Chevalier d')

19 — Repos en Égypte.

Petite peinture sur marbre.

FRA BARTOLOMMEO (DELLA PORTA, dit le)

20 — Sainte famille.

L'Enfant Jésus enlace de ses bras, en riant, l'heureuse Marie qui l'attire sur son sein en le soutenant de la main gauche sur une balustrade où il est debout. De la main droite, elle présente à son divin fils le petit saint Jean qui vient humblement lui offrir quelques noisettes dans une tasse.

Un paysage que l'on aperçoit par une fenêtre, un chardonneret, une grenade, des mûres et un bouquet de noisettes déposés sur la balustrade, terminent l'ensemble de cette gracieuse composition.

BASSAN (Jacopo da ponte, dit le)

1 — Le Christ en croix.

Au pied de la croix sur laquelle expire le Sauveur, deux saintes femmes, saint Jean et une autre sainte soutiennent la Vierge tombée évanouie entre leurs bras.

Sainte Madeleine en pleurs, Joseph d'Arimathie et Nicodème contemplent avec une vive émotion cette mère de douleurs.

BELLIN (Jean)

22 — Portrait de jeune homme.

Il est vu en buste, presque de face, coiffé d'une toque retenue sous le menton par une torsade or et noir. Une chemisette finement plissée lui couvre la poitrine que son habillement taillé à la Raphaël laisse à découvert. Un manteau de soie jaune damassée est jeté sur son épaule droite et tient à la main un bijou et, de la gauche, il semble vouloir attirer l'attention du spectateur.

Quelle que soit l'opinion qui sera émise sur cette remarquable peinture, nul ne pourra nier qu'elle ne soit pas digne de l'attention du véritable amateur.

BONINI (Girolamo)

23 — Jésus et la Samaritaine.

BRONZINO

24 — Petit Portrait de femme (Buste).

CERCUOZZI (Michel-Ange des Batailles)

25 — Tableau de salle à manger.

Fruits. Un cocoméro coupé en tranches, des melons, prunes, poires, pêches, cerises, noisettes sont déposés à terre. Des figues sur une pierre, un fond de paysage composent ce beau tableau qui se recommande par une belle et puissante couleur comme par un fini intelligent qui ajoute encore à son charme.

26 — Tableau de salle à manger. Pendant du précédent.

Des pêches et des raisins dans un grand vase déposé sur une table où sont encore des melons, des coings, des poires, des figues et autres fruits.

Plus largement exécuté, ce beau tableau n'en conserve pas moins tout le charme du précédent.

CRESPI (Joseph-Marie) dit l'Espagnolet

27 — Sujet mystique.

Sur un nuage soutenu par des chérubins, saint Antoine de Padoue reçoit la bénédiction de l'Enfant Jésus assis sur les genoux de saint Joseph descendu du ciel jusqu'à lui, entouré d'une gloire d'anges et de chérubins.

Agenouillée sur la terre, sainte Françoise soutenue également par un ange, implore les faveurs du ciel.

GIOTTO (Bondone, dit le)

28 — Tableau divisé en quatre compartiments :

L'Annonciation.

La Crèche.

Le Christ en croix.

L'Ensevelissement.

Œuvre remarquable du maître par la finesse d'exécution et le sentiment qu'expriment déjà les personnages qui composent cette curieuse peinture.

GUASPRE (Dughet, dit le)

39 — Paysage.

> A travers des rochers aux formes capricieuses et pittoresques, des eaux bouillonnantes se répandent en cascades.

30 — Paysage.

GUIDE (Guido Reni, d'après)

31 — Jésus au Jardin des Oliviers.

> Le site est boisé et montagneux, avec cascades.

HENRIQUEZ (Léonard)

32 — Saint Joseph tenant l'Enfant Jésus sur ses bras

LANFRANC (Jean)

33 — Sommeil de l'Enfant Jésus.
34 — Tête de vieillard.

LUCATELLI

35 — Paysage montagneux avec fabrique et pont.

LUCIO MASSARI

36 — Adoration des bergers.

> Nombreuses figures. Grande composition dans un petit cadre.

MICHEL-ANGE (D'après)

37 — Le Sommeil de l'Enfant Jésus.

> Jolie petite copie ancienne de l'École florentine sur cuivre.
> Cadre en bois sculpté.

PARMESAN (École du)

38 — Abraham annonçant à son fils Isaac la volonté
divine.

TADDEO GADDI

39 — La Vierge adorant son divin Fils.

TIEPOLO (Attribué à)

40 — Jeunes Femmes présentant leurs offrandes à une
divinité païenne. (avec sa gravure).

ZUCCHERO (Frédéric)

41 — Sainte Madeleine.

ÉCOLE BOLONAISE

42 — La Vierge et l'Enfant apparaissant à trois
religieux.

ÉCOLE ROMAINE

43 — Adoration des bergers.

Cadre en bronze doré et argent émaillé.

ECOLE FLORENTINE

44 — Saint Jean en prière.

ÉCOLE DE SIENNE

45 — L'Annonciation.

ÉCOLE FLORENTINE

46 — Saint Jean.

PEINTURE GRECQUE

47 — Mise en croix.

Nombreuses figures. Exécution fine et très ancienne.

ÉCOLE ITALIENNE

48 — Portrait d'homme.

49 — Réunion de Saints et de Saintes.

50 — L'Annonciation

ÉCOLES ALLEMANDE, FLAMANDE ET HOLLANDAISE

—

COXCIE (Michel)

51 — Sainte Famille.

L'Enfant Jésus assis sur les genoux de sa mère et entouré de toute sa famille, reçoit une couronne et un panier de fleurs que lui offre le petit saint Jean.

EYCK (École de Jean Van)

52 — Jésus au jardin des Oliviers.

Tandis que, sur le premier plan, dorment les disciples. Jésus agenouillé au pied d'un rocher sur lequel le calice d'amertume est posé, tend les bras à un ange qui accourt vers lui. Dans le fond arrivent les gens qui viennent pour le saisir.

53 — Le Couronnement d'épines.

Résigné, Notre Seigneur est couronné par deux bourreaux qui s'aident de bâtons pour enfoncer les épines dans sa tête. Un troisième lui offre en l'insultant, le roseau. Deux autres personnages se voient au haut d'un escalier qui occupe le fond du tableau.

La composition intelligente et l'exécution soignée de ces deux excellentes peintures, les feront certainement considérer comme de bonnes productions du temps.

FRANCK (Jean-Baptiste)

54 — L'Annonciation.

La Vierge, agenouillée devant son prie-Dieu, entend avec modestie et soumission le message céleste que lui transmet un ange également agenouillé devant elle. Dans une gloire entourée d'anges et de chérubins, le Père éternel bénit l'humble et heureuse Marie.

HERP (Van)

55 — La Charité.

VAN KESSEL et FRANCK

56 — L'Annonciation.

Médaillon entouré de fleurs (marbre).

MABUSE (Jean de)

57 — La Vierge et l'Enfant.

Dans un intérieur d'appartement dont une fenêtre laisse apercevoir un paysage, l'Enfant Jésus est assis la tête appuyée sur le sein de Marie.

MILET (Francisque)

58 — Paysage boisé.

Partant du premier plan, une route contourne un lac qu
occupe le centre du tableau. Dans le fond, un horizon montagneux meublé d'une riche végétation, arbres et arbustes qui
arrivent jusque sur l'avant-scène de ce joli paysage. Ça et là
de spirituelles figures, des effets lumineux distribués avec
art, animent et éclairent cette œuvre distinguée du maitre.

Il est bordé d'un très beau et très riche cadre en bois
sculpté.

NOORT (L. Van)

59 — La Vierge et l'Enfant entourés de saints personnages.

Sous un péristyle, la Vierge tient sur ses genoux, son
divin fils auquel sainte Anne offre une figue.

SLINGELANDT (Pierre, Van)

60 — Petite Fille.

Son regard est sympathique. Elle est blonde, un petit bonnet
et une guimpe blanche encadrent son gentil visage. Elle tient,
dans ses mains posées sur une table, un éventail et ses
gants.

Ravissante production qui joint à la transparence du clair
obscur, un fini précieux.

Joli cadre en bois sculpté.

SOOLEMACKER (F.)

61 — Paysage et Animaux.

Sur le premier plan d'un site montagneux et boisé, un pâtre conduisant une vache, des chèvres et des moutons, leur fait traverser un gué.

Cadre en bois sculpté.

VANPRET (Signé, 1836)

62 — Paysage.

Le site est accidenté, avec chûte d'eau. Saint Jérôme et deux lions sur le premier plan.

DE WIT

63 — Amours dans les nuages.

ÉCOLE FLAMANDE

64 — Sujet inconnu.

Esquisse.

ÉCOLE ALLEMANDE

65 — La Vierge et l'Enfant.

Style d'Albert Durer.

ÉCOLE HOLLANDAISE

66 — Portrait de femme âgée.

ÉCOLE ALLEMANDE DE LA FIN DU XIVe SIÈCLE

67 — Portrait de Philippe le Beau d'Autriche.

Il est vu, presque de face, les mains posées sur une balustrae où se lit son nom.

Son costume est celui du temps de Louis XII. Il porte l'Ordre de la Toison d'Or en sautoir.

ANCIENNE ÉCOLE ALLEMANDE

68 — Lutte entre deux hommes l'un assommant l'autre avec la mâchoire d'un animal.

MINIATURES

—

69 — La Vierge et l'Enfant.

70 — Le Christ bénissant le monde, et la Vierge allaitant l'Enfant Jésus. Dans un même cadre.

Ces trois miniatures sur vélin, sont de l'École hollandaise du xve siècle.

71 — L'Annonciation, avec riche bordure enrichie de figures et de médaillons. Au revers, les armes de Léon X.

Fine miniature sur vélin du xvie siècle.

72 — Un Prince et une Princesse.

Ces deux miniatures sont dans un même cadre.

73 — Portrait du pape Pie IX.

74 — Portrait de jeune homme avec mains.

Miniature à l'huile de l'École flamande.

75 — Portrait de femme.

76 — Portrait d'homme.

(École hollandaise).

77 — Trois Miniatures indiennes représentant diverses coutumes de l'Inde (Ivoire).

AQUARELLES ET DESSINS

HUBERT-ROBERT

78 — Péristyle d'un temple romain.

> C'est un vaste et magnifique monument meublé de statues, de bas-reliefs et animé de divers personnages.

79 — Péristyle d'un temple romain.

> Pendant du précédent.
>
> Plume et aquarelle.

HUBERT-ROBERT (Signé, 1761)

80 — Stalla del Papa Julio II. (Etables du pape Jules II).

81 — Arsenal où se construisent les galères du pape, à Civita-Vecchia.

> Pendant du précédent.
>
> Plume et sépia.

SCHUT (Signé et attribué à)

82 — Portrait de P.-P. Rubens.

> Encre de chine et sépia.

BOUCHER

83 — Femme et Enfant.

Pierre d'Italie.

SÉBASTIEN DEL PIOMBO

84 — Bacchanale et Allégorie.

> Cette composition capitale a été attribuée tantôt à Sébastien, tantôt à Michel-Ange, par des personnages qui faisaient autorité, et ce dessin jouissait d'une grande considération artistique dans notre Collection.

Dessin à la sanguine.

POUSSIN (Attribué au)

85 — Le Frappement du rocher.

Sépia sur papier teinté, relevé de blanc.

MARATTE (Carle)

86 — Évêques invoquant la sainte Vierge en faveur des malheureux.

Sépia.

ÉCOLE FRANÇAISE

87 — Allégorie.

Sanguine et pierre d'Italie.

ÉCOLE FLAMANDE

88 — Portrait d'homme (Buste).

Aquarelle.

DEVOS (Attribué à)

89 — Le Jugement dernier. (Triptyque).

Plume et encre de Chine.

90 — Peintures indiennes représentant une sultane entourée d'esclaves, avec inscriptions au revers.

Gouache.

91 — Sultan entouré d'esclaves.

Deux Gouaches indiennes.

92 — Un Esclave, des Momies.

Deux Aquarelles également indiennes.

MIND

93 — Chats et Souris.

Encre de Chine et tons d'aquarelle.

MIND

94 — Le Chat et la Souris.

Encre de Chine.

SITAFFEL (Paul)

95 — Vue de la Vallée de Guernesey.

Aquarelle anglaise. Œuvre capitale.

HAUZET

96 — Un Miracle.

Aquarelle d'après le Dominicain.

PENNI (François)

97 — Sujet biblique (Frise).

Papier teinté, sépia relevée de blanc.

98 — Quatre Dessins divers de l'Ecole italienne.

GRAVURES EN PORTEFEUILLES ET SOUS-VERRES

HOGARTH

99 — La Vie d'une courtisane, 6 planches.

100 — La Vie d'un libertin, 8 planches.

101 — Hudibras de Butler. 9 planches.

102 — Deux du même, en longueur, 2 planches.

103 — Deux Eaux-fortes (le Lutrin.)

104 — Les quatre Heures du jour. 4 planches.

105 — Les Acteurs ambulants.

106 — Sept Caricatures.

WILLE

107 — La Maîtresse d'école, d'après Wille.

108 — L'Observateur distrait, d'ap. Mieris.

109 — Jeune Joueur d'instruments, d'ap. Schalken.

110 — Le petit Physicien, d'ap. Netscher.

111 — La Marchande hollandaise, d'ap. Gérard Dow.

112 — La petite Ecoliere d'ap. Scheneau.

113 — Le Concert de Famille, d'ap. Schalken.

114 — Les Offres réciproques, d'ap. Dietricy.

RAPHAEL, MORGHEN
et VOLPATO

115 — Sainte Famille, d'ap. André del Sarte.

116 — La Jurisprudence, d'ap. Raphaël.

117 — L'École d'Athènes, d'ap. Raphaël.

118 — La Messe de Bolsène, d'ap. Raphaël.

119 — Incendie de Borgo Vecchio, d'ap. Raphaël.

120 — Saint-Pierre en prison, d'ap. Raphaël.

121 — Héliodore chassé du Temple,d'ap. Raphaël.

122 — Le Parnasse, d'ap. Raphaël.

123 — Dispute de Saint-Sacrement, d'ap. Raphaël.

124 — La Mise au tombeau, d'ap. Raphaël.

PAR DIVERS

125 — L'Hymen et l'Amour, gravé d'ap. Boucher, par Beauvarlet.

126 — L'Accordée de village et le Paralytique, d'ap. Greuze, gravé par J.-J. Flippart.

127 — Jeux d'Enfants d'ap. C. Coypel, gravé par Lepicié.

128 — Énée sauvant son père Anchise, d'ap. Van Loo, gravé par M. Dupuis.

129 — Le Matin, vue du Levant. 2 pièces d'ap. Joseph Vernet, gravé par Aliamet.

130 — Le Repas champêtre.— La bonne Mère d'ap. Nattier et Bernard, gravé par F. A. David.

131 — Deux Plafonds.

132 — Vénus et Adonis. —Le Repos de Diane 2 pièces d'ap. Jeaurat. gravé par Charpentier et R. Gaillard.

133 — Alcide et Alceste.Zéphir amoureux,d'ap.A.Coypel. gravé par Tardieu et Galck,

134 — La Madeleine, le Serpent d'airain. d'ap. Lebrun, gravé par Edelinck et Audran.

135 — Bergers d'Arcadie, d'ap. N. Poussin, gravé par S. F. Ravenet.

136 — La Colère d'Achille et son pendant. Gravures de deux tableaux du Palais-Royal. gravé par Desplaces et Thomassin.

137 — Six Pièces de maîtres divers.

138 — Bataille de Constantin, d'ap. Raphaël, gravé par Petrus Aquila. Grande pièce en quatre parties réunies et sous verre.

139 — La Transfiguration. d'ap. Raphaël, gravé par Nicolas Dorigny.

140 — Salomé recevant la tête de saint Jean.d'ap.Luini. gravé par Giovita Jaraviglia.

141 — Descente de Croix,d'ap. Daniel de Volterre. gravé par Nicolas Dorigny.

142 — La Résurrection de Lazare, d'ap. Seb. del Piombo, gravé par Joannes Vendramini.

143 — Sainte Famille, d'ap. Raphaël: la Vierge, d'ap. Jules Romain. Adoration des bergers, gravé par Desplaces.

144 — Trois Pièces, d'ap. Raphaël, Salvator et Ricci, gravé par Bartolozzi et autres.

145 — Cinq Pièces, d'ap. Le Guide, Guerchin, G. Poussin et Cortone.

146 — Quatre Pièces, d'ap. Raphaël, le Pérugin, Cignani, Luca Giordano.

147 — Trois Pièces, d'ap. Le Palma, Filippo Lippi et le Caravage.

148 — La Madone de Luc, la Présentation au Temple, d'ap. Fra Bartolomeo, gravé par Jesi et Parfetti.

149 — Six Pièces diverses dont le Mariage d'Elisabeth Farnese, reine d'Espagne.

150 — Dix-neuf Fac-simile de Maîtres divers.

151 — Cinq Pièces d'après Wouvermans, gravé par J. Moyreau.

152 — Adoration des Mages, d'après Rubens, gravé par Gilles Hendrix.

153 — Le Concert de famille, d'après Jordaens, gravé par Bolfwert. — Les Musiciens ambulants, d'ap. Ostade, gravé par C. Visscher.

154 — Loi, Médecine et un Intérieur, d'après Ostade, gravé par Anthony Walker.

155 — Cinq Eaux-Fortes, par Ostade.

156 — Réjouissance flamande et Kermesse, d'après Téniers, gravé par Lebas.

157 — Huit autres Pièces, d'après Téniers, par Lebas, Augier, etc.

158 — Rembrandt. Paysage. Eau-forte.

159 — Les Paysans, d'après Dusart, gravé par Woollett et son eau-forte par J. Browne. 2 p.

160 — Douze Eaux-Fortes diverses.

161 — Cinq autres Pièces de Maîtres divers.

162 — Seize autres Pièces diverses.

163 — La Chasse, suite de 4 pièces d'après Geo Stubbs, gravé par Woolett, plus l'eau-forte de la planche. 5 pièces.

164 — Trois Pièces, Genre et Paysage, d'après Collett et Smith.

165 — Plusieurs Portraits, dont une réunion de famille, manière noire. Gravures anglaises.

LIVRES A FIGURES ET AUTRES

166 — Livre de Prières du XIVᵉ siècle. Manuscrit orné de grandes lettres et d'arabesques gouachées et relevées d'or sur vélin.

167 — Manuscrit anglais traitant du choix des Épitres de saint Jérôme et des saints de l'Irlande.

168 — Regola degli cinque ordini d'architettura de Giacomo Vignola. Publié à Bologne, par Longhi.

Reliure du temps en parchemin.

169 — Le Virgile du Vatican. Album, suite de 57 gravures sur vélin., gravé par Pietro Santi Bartoli. Précieuse et très rare édition.

170 — Cours d'architecture que composent les ordres
de Vignole. par Daviler chez Mariette. —
Paris, 1710.

171 — Les Loges de Raphaël, gravé par Giovanni.
Otto Viani et Giovanni Volpato. 1770.

172 — Gravures des Tableaux les plus importants des
Maîtres les plus illustres de l'École italienne
du XIV° siècle.

173 — Réunion de Monuments les plus importants de la
Belgique. Lithographies.

174 — Les meilleures Peintures de la Certosa de Naples.
Dessiné et publié par L. Angeline. Paris. 1843.
Édit. en italien.

175 — Histoire archéologique et graphique de la Sainte-
Chapelle du Palais. publié par Decloux et
Boury. Paris. 1857.

176 — Recueil de Monuments de la Belgique et de l'Allemagne. Lithographies.

177— Recueil de Monuments les plus intéressants de
Real Museo Borbonico et diverses Collections
particulières. Publié par Gargiulo Naples, 1825.

178 — Recueil des plus intéressantes Peintures et Mo-
saïques trouvées à Herculanum et à Pompéi.
Naples. 1830.

179 — La France Monumentale et pittoresque. Litho-
graphié par les artistes les plus éminents, sous
la direction de Chapuy.

180 — L'Allemagne, ses principaux Monuments. litho-
graphié par ses meilleures artistes.

181 — L'Espagne artistique et monumentale, lithogra-
phiée. Paris, 1842. 3 vol.

182 — Principaux Maîtres de l'École italienne. Gravures
au burin, publiées à Rome en 1773.

183 — Histoire de la Peinture italienne, de Giovanni
Rosini. Gravures au trait en trois parties réunies en 2 vol. Pise. 1839. Édit. en italien.

184 — Estampes de Crozat. Deux parties dans le même
volume.

185 — Vue des Monuments de Rome, par Rosini, en
1823. Gravures.

186 — Vérone illustrée. Vérone, 1732. 4 vol.

187 — Description de Rome et de Venise. 3 vol. anciens
avec gravures sur bois. Édit. en italien.

188 — Histoire de la Peinture italienne de Giovanni Rosini, illustrée de gravures au trait. Pise, 1839,
7 vol. Édit. en italien.

189 — Dictionnaire des Arts, par Watelet. 1792.
5 vol.

190 — Recherches sur l'Histoire et l'Architecture de
Tournai, par Lemaistre d'Anstaing. 1842,
2 vol.

191 — Histoire de l'Architecture, par Th. Hope.
Bruxelles, 1839. 2 vol.

192 — Réflexions et menus Propos. Le Beau dans les
Arts, par R. Toppfer. Paris. 1848. 2 vol.

193 — Introduction à l'étude des Beaux-Arts du dessin.
Milan, 1821. 2 vol. Édit. en italien.

194 — Écoles flamande et hollandaise, par Gault de
Saint-Germain. Paris. 1841, 2 vol.

195 — Histoire de Raphaël, par Quatremère de Quincy. Paris, 1833.

196 — Histoire de Michel-Ange, par Quatremère de Quincy. Paris, 1835.

197 — Traité de la Peinture de Léonard de Vinci, Gault de Saint-Germain. Paris, 1803.

198 — Voyage en Syrie, par Volney, 2 vol. Ambassades mémorables au Japon. Amsterdam, 1580, 1 vol.

199 — Traité de peinture. — Dictionnaire des Arts. — Vie de Michel-Ange, de Charles Blanc. — Sacré Sanctuaire de la Croix. — Recueil d'Évangiles.

CURIOSITÉS

IVOIRES

200 — Diptyque du xive siècle; la Mort de la Vierge; la Vierge et le Christ dans le ciel, sur un trône entourés d'anges.

Très finement sculpté.

201 — Statuette, même époque. — La Vierge et l'Enfant.

202 — Coffre de mariage à colonnes, frise ornée de figures; couvercle surélevé, enrichi de figures
d'ornement et d'incrustations. xv° siècle.

203 — Boîte à thé, ancien Chine.

———

CURIOSITÉS DIVERSES

204 — La Vierge et l'Enfant, bois sculpté, fin du
xv° siècle.

205 — Petite Tête d'enfant, marbre antique.

206 — Tabatière en cuivre doré, repoussé et finement
ciselé. Louis XV.

207 — Grand Coffret en cuivre doré, ciselé, enrichi de
plaques d'émail représentant l'Histoire de
Psyché.

208 — Très belle paire de Pistolets du temps de
Louis XIII ou Louis XIV, signés Pontigi, enri-
chis d'un grand nombre de ciselures du travail
le plus fin et du meilleur goût.

209 — L'Annonciation. Groupe en albâtre, belle et fine
exécution du xiv° siècle.

———

PORCELAINES

210 — Une paire de Potiches avec couvercles en vieux
Japon, camées en relief, polychrome.

211 — Dix Assiettes, en vieux Japon polychrome.

212 — Service à thé, quatre Tasses et leurs Soucoupes, Théière et Sucrier, fond brun. Cartel à fleurs, Chine.

213 — Pot au lait, Chine, médaillon à figures.

214 — Deux jolies Salières, vieux Chine. Peinture d'une grande finesse.

215 — Théière et son Couvercle, Saxe.

BRONZES

216 — Le Tireur d'épines.

217 — Mercure, faisant pendants. Statuettes d'après l'antique.

218 — Un Bélier, signé P.-J. Mène.

219 — Un Lévrier, signé du même.

220 — Coupe surmoulée de Benvenuto Cellini.

221 — Un Poignard, style de la Renaissance.

OBJETS DIVERS

222 — Statuette. Divinité indienne en argent repoussé.

223 — Vide-Poche, marbre rouge antique.

224 — Porte-Notes persan.

225 — Deux Presse-Papier florentins.

226 — Deux Couteaux à papier, dont un à manche de corail.

227 — Divinité égyptienne et autres Objets.

228 — Téléiconographe ou chambre claire à longue portée de la maison Jules Lefebvre.

Vᵒ Renou, Maulde et Cock, impr⁹ de la Compagnie des Commissaires-Priseurs, rue de Rivoli, 144.		75298

9 782329 593203